CRIME DE HONRA

Cassandra Rios

Crime de Honra

História, em fragmentos,
de um homem com o destino
em suas mãos

editora brasiliense

Copyright © herdeiros de Cassandra Rios, 2005

Nenhuma parte desta publicação pode ser gravada, armazenada em sistemas eletrônicos, fotocopiada, reproduzida por meios mecânicos ou outros quaisquer sem autorização prévia da editora.

ISBN: 978-85-11-00087-0
Primeira edição: 2005
1ª reimpressão, 2010

Preparação de originais: *Beatriz de Cássia Mendes*
Revisão: *Luiz Ribeiro e Beatriz de Cássia Mendes*
Editoração: *Formato Editoração*
Capa: *Maria Teresa B. de Lima*

Dados Internacionais de Catalogação na Publicação (CIP)
(Câmara Brasileira do Livro, SP, Brasil)

Rios, Cassandra, 1932-2002.
  Crime de honra : história, em fragmentos, de um homem com o destino em suas mãos / Cassandra Rios ; (organização Rick J. Santos). — São Paulo: Brasiliense, 2005.

  1ª reimpr., 2010
  ISBN: 978-85-11-00087-0

  1. Romance brasileiro I. Santos, Rick J.. II. Título.

05-3202   CDD-869-93

Índices para catálogo sistemático:
1. Romances : Literatura brasileira 869.93

editora brasiliense
www.editorabrasiliense.com.br

...estou de volta...
outro não seria o caminho para o qual
a inspiração me conduziria.
Cassandra Rios

Apresentação Crítica

Neste curto romance, o último da autora, escrito dois anos antes de sua morte, Cassandra Rios retoma a narrativa interrompida que a consagrou nas décadas de 1950, 1960 e 1970. Desde a publicação de seu primeiro romance, em 1948, a denúncia da homofobia e dos danos físicos e morais causados por esta ao sujeito é um tema constante em sua obra.

Crime de Honra narra o drama psicológico de um homem que luta para manter o equilíbrio e a dignidade perante a sociedade e sua "escolha" de vida não assumida. Victor é vítima e criminoso – tábua rasa de todos e de ninguém. Ele é um cidadão comum, cujo rosto e história se perdem no cotidiano entre milhares de outros rostos e histórias com os quais cruzamos diariamente nas ruas e nos metrôs de São Paulo, Rio, Nova York, Roterdã ou qualquer outra metrópole. Durante toda sua vida, Vi, como é chamado, tem sido sempre vitorioso, cúmplice e reticente... Por mais de meio século, ele vive uma vida de dissimulação e de aparências que o protege, mas também o separa do mundo, maquiando com uma máscara de masculinidade hiperbolizada sua identidade de "lobisomem" que uiva/chama, na calada da noite, pelo amado, sem jamais ousar dizer seu nome.

A narrativa inicia-se com uma autointerrogação do protagonista ao deparar-se com a reflexão de sua imagem, num momento íntimo e cotidiano. Como a mulher do poema de Cecília Meireles, Vi depara-se – quase por acaso – com sua imagem nua, refletida no espelho após o banho, e vê, pela primeira vez, em si, um outro. Esse estranho, eu/outro refletido, surpreende e assusta, mas também fascina e o leva a embarcar numa viagem interior de questionamento, transformação e conhecimento.

Tudo começou é um modo de falar considerado jargão, repetitivo, mas é assim que inicio minha história, porque tudo começou, frase comum, fato também comum, e óbvio, quando o vi pela primeira vez. Se não houvesse a primeira vez, como poderia haver ou acontecer alguma coisa?
Pensando desse modo, pela lógica das minhas ponderações, antes de tudo começar ficou um vazio em minha mente, pela persistência da emoção. O Nada antes dele! Eu era um Nada! Uma outra pessoa!

Ao encontrar o outro, angelicalmente representado por Raul, Vi experiência uma epifania que o leva a se questionar e a tomar consciência da duplicidade e contradição de sua vida de aparências.

O outro lado de minha alma, da qual eu retalhava o homem que representava ser, engolia-se dentro do meu corpo, prisão de carne, grades de ossos... Eu não sou eu! Sou o outro...

O encontro com Raul provoca um processo de autoconhecimento e reconhecimento. Ao olhar o outro, Vi encontra-se face a face com seu *alter ego,* o que inevitavelmente o conduzirá a uma aprendizagem de prazeres proibidos, reprimidos ou simplesmente esquecidos.

Ele sabe de mim o que eu sei dele! E nunca nos falamos, apenas trocamos olhares... É estranho tudo isso que sinto olhando o menino loiro com penugem prateada na cara, silencioso, sempre alheio, como um poeta taciturno...

A partir desse encontro, Vi começa a "escre**VER**":

Nunca pensei mesmo em fazer um diário, mas há alguns dias venho escrevendo alguns pensamentos na minha agenda. Sinto necessidade de registrar o que está acontecendo comigo. Escrever alivia, é o único desabafo que posso fazer, jamais confidenciaria a mais insignificante coisa a meu respeito nem mesmo ao mais íntimo amigo... Minha agenda {é} meu disfarce! Meu ponto de apoio, para poder olhar, sem levantar suspeitas, para quem eu quiser.

E ele está ali, observando-me, discreto, folheando uma revista. Deverá estar pensando: "O que será que ele está escrevendo?! E para quem?"

É meu diário. Uma forma de desabafar. Minha vida em fragmentos.

O romance é escrito em forma de um diário, narrado em primeira pessoa pelo protagonista. Vi vê e vive, mas não fala. Não fala para não se expor, pois se expor implicaria tornar-se objeto do olhar e da crítica do outro. No entanto, na impossibilidade de calar-se, Vi escreve. Escreve (para si mesmo) porque não ousa falar (para/com o outro).

Estrangulado por essa inabilidade de falar, Vi constrói na escrita a ponte que o permitirá ir de encontro ao outro. Na escrita confessional, o personagem busca no leitor um cúmplice. Ao ler/escutar sua condição/situação de estrangulamento nas páginas do diário, o leitor passa a fazer parte do evento. Assim, torna-se testemunha ocular desse *Crime de Honra*, que não é um simples crime individual, e sim social. Como Otelo, Vi (assim como o leitor) é criminoso e vítima de um contexto social que estrangula a possibilidade de "Vi-ver" de uma maneira diferente, que não seja a do sistema heteropatriarcal. Mas resta a esperança de que mudar é possível. Ao escrever, o protagonista é capaz de "confessar," ou seja, simbolicamente "assumir" publicamente e, dessa forma, Victor alcança a vitória final ao quebrar o silêncio da hipocrisia que vilipendia, sufoca e estrangula o ser.

Rick. J. Santos
Professor de Literatura e Estudos da Mulher
Nassau Community College
State University of New York

Capítulo 1

Olho-me no espelho. Nu! Tórax largo, músculos rijos.

Punhos e bíceps atléticos. Do halterofilismo e dos exercícios másculos, ganhei força, cheguei a faixa preta. Luto e venço sempre torneios da academia. Todos sabem que eu sou um demolidor! Medalhas, troféus, vitórias, tantas histórias para contar! No tatame, com o judô, na quadra, com o vôlei, com a esgrima, no salão, com o jogo de xadrez ou pôquer, em tudo me saio bem. Exercito minha mente com leituras de livros especializados, de *Mind Power*, faço concentração para me equilibrar em todos os sentidos.

Modelo meu corpo malhando muito, coordenado, rigoroso, assíduo em sequência e horários das ginásticas.

Eu me cuido porque acredito no Poder da Mente que faz um Corpo Sadio!

Não deixo nada que seja útil escapar para os meus exercícios físicos e mentais. Acredito que um homem pode edificar a si próprio, segundo suas determinações e escolhas, para viver bem em sociedade.

Por isso não deixo dúvida quanto à minha masculinidade.

Para tranquilidade e segurança, as mulheres flertam comigo e eu disfarço, correspondendo, para não revelar minha verdadeira sexualidade.

***

Tudo começou é um modo de falar considerado jargão, repetitivo, mas é assim que inicio minha história, porque tudo começou, frase comum, fato também comum, e óbvio, quando o vi pela primeira vez. Se não houvesse a primeira vez, como poderia haver ou acontecer alguma coisa?

Pensando desse modo, pela lógica das minhas ponderações, antes de tudo começar ficou um vazio em minha mente, pela persistência da emoção. O Nada antes dele! Eu era um Nada! Uma outra pessoa!

Um menino loiro, indefeso, lindo e diáfano como um anjo. A primeira visão desse tão representativo personagem, identifiquei-o como um ser especial e denominei-o Angélico!

Apenas um novato entre os frequentadores do clube, com quem eu cruzava nas aulas de ginástica rítmica.

Notei sua presença de imediato, no instante em que adentrou o salão e começou a repetir os gestos do professor com tanta perfeição e beleza que não consegui despregar os olhos dele, parecia um bailarino russo que vi executando malabarismos incríveis, em espetaculares passos de dança, numa das minhas viagens à Rússia. Não suava, era ágil, leve como uma pluma.

Ao mesmo tempo, assemelhou-se a um cabritinho cabriolando num campo verdejante.

Sua visão me fez feliz! Emocionou-me como se estivesse se projetando numa tela um grande filme que prometia argumento como os dos filmes de Walt Disney.

***

A insistência do meu olhar paralisado nele tocou-o como um laser, e ele virou o rosto levemente para onde eu estava. Encarou-me e prosseguiu, fitando-me, sem afetar-se com os compassos da música que tocava.

Passei a observá-lo. Silencioso, quase não fala com ninguém no clube. Faz barra, levanta peso, nada, joga tênis, exagera na esteira e nas bicicletas.

Olho seu corpo marcado pelo calção justo, a camiseta regata. São azuladas suas olheiras, é quase imberbe, uns pelos que parecem fiapos de palha ou penugem de pássaro recém-nascido dão um tom de prata ao seu rosto rosado.

Ele sabe de mim o que eu sei dele!

E nunca nos falamos, apenas trocamos olhares. Somos cúmplices da nossa sexualidade, que é vilipendiada e torcida na boca de quem não entende!

***

Apesar da identificação que normalmente acontece na troca de olhar entre pessoas como eu e ele, mantemo-nos afastados. Cruzamos pelos corredores, quadras, salões do clube.

Nunca sorrimos um para o outro, mas sabemos o que sentimos, com que emoção, quando nos vemos e, em pensamento, nos cumprimentamos!

***

Nem sei o nome dele, mas ele com certeza sabe que me chamam de Vi, Vi de Victor!

São tantas as mulheres me rodeando, apertando os músculos dos meus braços com a intenção de fazer vibrar o músculo que não se levanta por elas, mas que estremece dentro da minha sunga quando olho para ele!

Há muito, muito tempo mesmo, sensações como as que venho sentindo por esse rapaz não me perturbavam. Nem lembro quando senti isso pela última vez.

Creio que, assim, nunca!

***

Seu calção colado nas coxas, exagerando o volume, a exuberância das suas saliências, marcando sua bunda bem-delineada, arredondada, num formato de coração ou de figo, forte, rija, onde eu gostaria de dar um beliscão, de passar a mão, de acompanhar, colado nele, o ritmo excitante dos movimentos quando nós fazemos ginástica.

As observações que faço são esporádicas, dependem sempre de momentos especiais, e esses momentos especiais são acionados por emoções que me pegam de surpresa.

Nunca pensei em fazer um diário, mas, de repente, fazer estas anotações tornou-se inevitável.

***

É estranho tudo isso que sinto, olhando o menino loiro com penugem prateada na cara, silencioso, sempre alheio, como um poeta taciturno que, tomando sol na beira da piscina, olha para mim com olhos de quem finge não ver, sem nem sequer se dar conta de que, à sua volta, numa algazarra pra chamar a sua atenção, há um bando de meninas.

***

Há uma diferença enorme entre nós.
Ele não deve ter nem 20 anos e eu já passei dos 50.
Velho lobo!
Pobre cordeiro!

***

Vou rabiscando meus pensamentos assim, como que aleatoriamente, compensando a ausência de tudo, porque viver todo programado, dominado pelas regras e preconceitos sociais, me alija do meu verdadeiro mundo.
Mergulho inteiro no silêncio da minha alma e penso que, se não conseguir me equilibrar, vou despencar por um precipício sem fim, e ficarei flutuando no Nada!
Que absurda esta minha vida!

***

Ontem fingi que não o vi. Senti que ele ficou perturbado.
De um ponto estratégico onde me colocara, bebericando meu uisquinho, fumando meu clássico cachimbo, podia observar tudo, quem

chegava, quem saía. Eu estava sentado no restaurante da academia, esperando-o, bem de frente para a porta.

Sabia que ele não sossegaria enquanto não me encontrasse, e por todo canto me procuraria.

Foi assim que fingi que não o vi, que estava muito distraído, olhando para as coisas sem ver, como se não houvesse nada que me interessasse.

Quando ele apareceu, e logo deu de cara comigo, mal conseguiu disfarçar que me procurava. Também fingi que não me viu, fazendo de conta que estava atrás de outra pessoa

Ladino como toda pessoa que é surpreendida numa atitude como essa, para não confirmar o flagrante, sentou-se de costas para mim, num dos cantos mais afastados do restaurante.

Gostei. Preocupava-se, como eu, com o que poderiam pensar a seu respeito, e disfarçava, pelo que lhe concedi méritos e admirei sua personalidade.

Quando o garçom o atendeu, aproveitou e mudou de cadeira. Ficou de frente para mim.

Creio que descobri nesse instante que o pobre cordeiro sou eu!

***

Nunca pensei mesmo em fazer um diário, mas há alguns dias venho escrevendo pensamentos na minha agenda. Sinto necessidade de registrar o que está acontecendo comigo.

Escrever alivia, é o único desabafo que posso fazer, jamais confidenciaria a mais insignificante coisa a meu respeito nem mesmo ao mais íntimo amigo; aliás, o que nunca tive, porque sempre mantive as pessoas um tanto afastadas, sem admitir, com o meu modo reservado de ser, maiores aproximações.

Esse, um bom jeito de não ficar sem fazer nada e acabar sendo traído pela direção do meu olhar; assim, qualquer que seja a direção ou em quem pousar, parecerá que estou distraído, alheio, concentrado no que escrevo, quem sabe fazendo algum cálculo. É! Tudo muito bem calculado.

***

Não largarei mais minha agenda. É meu disfarce! Meu ponto de apoio, para poder olhar, sem levantar suspeitas, para quem eu quiser.

E ele está ali, observando-me, discreto, folheando uma revista. Deverá estar pensando: "O que será que ele está escrevendo?! E para quem?"

É meu diário. Uma forma de desabafar. Minha vida em fragmentos. Escrevo, rabisco, para não ficar à toa, sentado aqui feito um tolo, só pra olhar pra ele! Eu sei que um dia, possivelmente, poderei lhe entregar a agenda e dizer: "Quer saber o que escrevia? Era isto!"

Que drama!

Chego em casa tarde da noite e minha mulher me espera. Quer saber onde estive, com quem... Ninguém me localizou na academia e, depois, não fica aberta até a madrugada.

Eu andava sempre certinho e agora pareço cheio de tormentos e mistérios! O que é que está acontecendo comigo? O quê? Por quê?

Será que eu não tenho sequer o direito de sair um pouquinho da rotina, mudar meus hábitos, preocupar-me com meus filhos?

Por que duvidaria?! Era isso! Eu estava preocupado com eles. Saíra do clube e rodara por aí, sem rumo, só pensando. Eu gostava de pensar, rodando de carro pela cidade. Que mal haveria nisso?!

Sei que ando estranho! Convenço-a! Mas não me convenço! E fico com medo. Será que, olhando assim, nos meus olhos, ela não vê gravada em minhas retinas a figura daquele menino?

***

Preciso ser mais cauteloso, sufocar minhas emoções, não deixar que Elise ou qualquer pessoa que seja perceba que mudei, que ando ansioso, pareço perdido, escondendo alguma coisa, evitando conversar. É isso, preciso falar mais sobre assuntos que dispersem a atenção de todos, enfiar a cara nos novos livros publicados sobre ginecologia, oncologia e tudo o que englobe minha profissão. É necessário atualizar-me. E sorrir, tirar da cara as expressões que revelam sentimentos.

***

Juro sem vacilar. Não há por que não me dar crédito. Sempre fui um marido exemplar. Ela é e sempre será a única mulher na minha vida. Jamais olharia para outra. Não gosto de aventuras, afirmo, com determinação. Jamais! Ela representa tudo para mim, é muito. Demais!

Falo de um amor que não sinto por Elise, e me descubro capaz de rimar, entrelaçar falas que poderão se transformar em notas musicais e, mentindo, vou sentindo uma deliciosa sensação que me faz lembrar aquele rapaz!

***

Essa vida dupla!

Vida programada por causa da família, dos amigos, da sociedade, do mundo; faz com que me sinta um criminoso, um farsante, um mentiroso, calcado pelos objetivos de ter o melhor caráter, alma limpa, sem nódoas, um homem íntegro, de reputação ilibada!

O mais dramático e catastrófico da minha vida é que, por mais que eu lute e me censure, tente e represente, eu não mudo!

Por dentro sou um menino parado no tempo, rejeitando a própria natureza e hipnotizando-se para não ser o que é. Amoroso, carinhoso, sensível, emocional, fragmentado em medos, torcida libido que descarrega sentimentos nos músculos trabalhados em exercícios pesados, contrariando-se nas mais secretas vontades, sem conseguir vencer o desejo poderoso de ter ao menos um pouquinho do amor daquele menino!

***

Pensei que, se tivesse filhos, talvez eu mudasse, pela responsabilidade, por amor paternal, e me livrasse do passional delito que me faz viver aflito, escondendo sentimentos, representando ser o que, apesar da minha aparente e agressiva masculinidade, não sou.

Com todo o meu tipo de pugilista, não passo de um farsante, mentiroso. É por isso que sempre me condeno! Não passo de uma caricatura de macho que, a despeito de tudo, para enganar aos outros e flagelar a mim mesmo, tornou-se um famoso e respeitável ginecologista!

No mesmo instante em que ouvi o nome dele, assimilei. Não sei por que, assustei meus amigos, que me olharam como se estivessem diante de um louco, e em seguida puseram-se a rir, mesmo sem entender a razão da minha atitude. Para confirmar a brincadeira, bati os pés no chão como se fossem patas, estendi um braço e arreganhei a mão feito garra, arranhando o Nada, espichei o pescoço, imitando fera, e uivei como um lobo, grosso, rouco, forte, som arrancado do peito, depois baixo, numa entonação muito triste:

— Auuuuuuuuuuuulll...

***

Éramos cinco à mesa. Alegres! Contávamos piadas. Falávamos das nossas mulheres. Sem reservas! Meus amigos desabafavam. Críticos e sem piedade! Injustos, até! Frios! Censurei-me quando um deles demonstrou desconfiança e curiosidade pela imutável admiração e sincero respeito que sempre demonstro ter por minha esposa.

— Não sei, não... você é muito certinho... Aí tem!

Debrucei-me rápido sobre a mesa e cochichei-lhe uma criminosa escapatória, a única saída convincente:

— Tem, sim! E como tem!... Eu tenho uma amante!

— Verdade?! E a que horas você a encontra?

— Todas as noites, quando deito com minha mulher! Basta fechar os olhos e ela vem...

Ele deu uma gargalhada e comentou, acreditando:

— Você também tem fantasmas? Fantasias? É assim mesmo que acontece comigo. Pra trepar com minha mulher tenho que fingir que estou com outra! Acontece com todos os homens casados há muito tempo. Elas pensam que não traímos porque nos controlam o tempo todo, mas não podem matar a mulher que criamos no pensamento. Se não fossem esses doces faz-de-conta, se não fosse assim, melhor seria bater uma boa bronha! É gostoso sonhar com a mulher que desejamos, até enquanto a gente se masturba...

***

 Nesse momento me vi sem traumas, sem precisar dissimular, inserido na classe daqueles tipos faroleiros, que se vangloriavam do seu machismo, que comiam a mulher pensando nas garotinhas que paqueravam no clube porque jamais teriam coragem de se envolver num escândalo, e, como eram todos já bem passados, o que tinham a fazer era contentar-se com a esposa, enquanto eu continuaria trepando, por obrigação, às vezes por necessidade mesmo, com minha mulher, pensando no garotinho loirinho, com sua bundinha redondinha e seus olhos cor da água da piscina... onde, em reflexos, boiavam lascas de estrelas caídas do céu...

***

 Foi quando ela o chamou que fiquei sabendo o nome dele. Filho da linda viúva! Estudava em Londres. Chegara recentemente. Um bom partido para qualquer mocinha.
 Na mesa, se fez longo silêncio depois do meu uivo. É que, como sempre, todos ficaram com o olhar parado nela, acompanhando o andar da viúva, rítmico, cadenciado, aprendido em escolas de manequim, por certo!
 Viúva!
 Todos suspiraram ao mesmo tempo quando ela passou perto, enquanto eu olhava para seu loiro e lindo filhinho, que olhava expressivo para mim.

***

 Eu já disfarçara flertes com ela porque meus amigos comentavam que eu estava dormindo no ponto, que já era hora de arrancar a máscara de bonzinho da cara, trair minha esposa e dar umas trepadinhas com a apetitosa viúva, que estava a fim de mim.
 Com a morte do marido, multiplicara a sua fortuna de família, tornando-se presidenta de um grande grupo empresarial.

Assim que ela saiu do restaurante onde estávamos, o mais gozador dos meus amigos exclamou, penalizado:

– Lá se foi ela, com a borboleta batendo palminhas prum peru trouxa!

***

Antes que me chamassem de boiola, achei melhor optar pelo "menos pior" e fingir que dava bola para os olhares da viúva, que nem de longe sequer desconfiava o bicho que eu era do outro lado da minha alma.

***

O outro lado da minha alma, do qual eu retalhara o homem que representava ser, encolhia-se dentro do meu corpo, prisão de carne, grades de ossos.

***

Sou um covarde! Eu não sou eu! Sou o outro que me marcara para poder viver em sociedade.

Desde garotinho, decidi que seria melhor assim quando vi com que maldade desprezavam, humilhavam e marginalizavam pessoas como aquele eu que, dentro de mim, se escondia!

***

Ninguém jamais desconfiou de mim. Quando muito, achavam que eu era um homem frio, pedante, produto de vida sem percalços e, por ser de físico nobre como dos *boxeurs* famosos, pela panca de galã, diziam que era esnobe, questionando, elogiosos, por que eu não tentara televisão, cinema, teatro – poderia ser um artista de sucesso! Brincavam pedindo autógrafos, e eu, dramatizando a fala:

– Que falsos!

Alguns até me tachavam de narcisista, que amava só a mim mesmo; por isso, para evitar que descobrissem quem eu era de verdade e não desvendassem o meu segredo, que guardei a vida inteira com sacrifício, escolhi, entre as mulheres que me assediavam, a que não se colava em mim feito papel de bala, a mais bonita, tímida, pobre, ingênua, e casei com ela!

***

Plagiei, ao pé da letra, da vida de casais heterossexuais, a minha vida.

Capítulo 2

Minha filha tem 25 anos, dentro de alguns dias vou ser avô!

Que estranha, enigmática e profundamente incoerente, ao mesmo tempo tão inexplicável, essa palavra forte que me torna um coletivo; não é um coletivo todo chefe de família, carregando tanta gente, feito um contêiner?

Avô! Que poderosa e significativa a extensão desse termo, ressoando dentro de mim, que sou, a um só tempo, duas pessoas!

***

Nesta semana meu filho aniversaria.

Fico assim, divagando, pensando, relembrando, subtraindo e somando as coisas que não fiz e as coisas que realizei sem pensar!

Fui movido a toque de preconceitos e medos! Parece que, a vida inteira, o que vivi foi o que os outros pensaram e determinaram para mim, e nunca o que eu mesmo poderia pensar e usar do meu livre arbítrio!

***

Como muitos, fui um ser programado.

Fui, não! Sou!

Por medos! Por influências! Dogmas! Bostinhas! Preceitos! Mijinhos! Preconceitos! Grandes cocôs!

Finalidade! Bocarra arreganhada pra nos engolir para o preestabelecido! Cisterna Fedorenta!

Hipócritas são os objetivos dos homens calcados nos ensinamentos desde a infância.

Inculcadas leis na minha mente; eu me conduzi como bom aluno que tudo decora, mas nada assimila, pela vida que me disseram, em casa, na rua, na Igreja, na sociedade, em todo o canto, que seria digna de viver!

Enfim, fui acostumando-me a representar o homem que delineei para mim. Louvo minha performance, que chegou até a me convencer, durante longos anos, que eu era mesmo o tipo de homem que estava representando – sim, eu era ele, na íntegra, até me esquecera das *natas* tendências, ou, mais precisamente, da minha verdadeira natureza! Um homem-macho na plena definição da palavra!

***

Meus amigos fazem gozação, dizendo que eu escondo em algum cofre, em alguma gaveta, em casa ou na clínica, calcinhas das mulheres que vão ao meu consultório arreganhar as pernas pra mim!

Divertem-se dizendo que fui sempre um cara esperto, que escolhi bem a minha profissão, e me chamam de espião de bocetas!

***

Com certeza não preciso analisar nem esclarecer como um problema vital, que põe em risco minha sanidade mental e minha respeitabilidade no meio social, por que me formei e me tornei um conceituado ginecologista. Esperto, meus amigos estão certos, mas o motivo é outro. É simples! Uma coisa de inteligência.

Quem desconfiaria do eu que eu escondia, lidando com, e enfrentando, uma "coisa" da qual eu fugia?

***

Finalidades!

A gente nasce e logo nos jogam na cara o que programam para que a gente seja.

– É um menino!

Nem preciso perguntar o que exclamaram quando viram, ainda sujo de placenta, o meu pinto:

– Machão! É um machão!

Amamentaram-me, engatinharam-me e me fizeram seguir com os passos encaminhados pelas palavras que nos fazem, por esses desígnios incontestáveis da pasta das leis do destino, o que eu seria: um homem todo direcionado para o sexo feminino.

***

Não sou desses travecos, ao contrário, sou mesmo machão, durão, com todos os quesitos de um verdadeiro homem.

De mulher nunca me vesti, aversão por isso, adoro meus trajes masculinos de bom corte e grife, mas fico fascinado e tenho orgasmos múltiplos, mentais, claro, quando vejo um lindo travesti!

***

Meus amigos, ah!, meus amigos! São tantos! Todos casados! Incoerentes, inconsequentes pelo que são, nada temem, e levam a vida numa farra, como uma piada, jocosos e aventureiros; tudo para eles é experiência, sexo, oportunidade, nada macula sua masculinidade, convidam-se e saem juntos sem qualquer constrangimento, como adolescentes em busca de novidades. Dão voltas pela General Jardim, Amaral Gurgel, Cesário Mota Jr., Maria Antônia, pelas esquinas e ruas da cidade onde homens vestidos de mulher, quase nus, exibem formas esculturais, de dar inveja em qualquer perfeita manequim. Coxas depiladas, magníficas, lindas bonecas, expostas como objetos de prazer nas vitrinas das *sex shops*!

Esses homens de *reputação ilibada,* sem nenhum vexame, diretos, fazem-lhes propostas, barganham, perguntam se fazem isto e aquilo; entre si, claros, espontâneos, com toda a naturalidade, comentam:

– Prostituta?! Já era! Conhecedores do corpo e das taras dos homens, fazem melhor e cobram mais barato!

***

Já passei com eles pelas ruas onde tais corajosas criaturas fazem ponto, e realmente fiquei apatetado!

Quanta boneca que anda! Bonecas de deixar pasmado qualquer preconceituoso, se deixar de lado a birra e olhar com olhos de ver o que existe e está ali para ser admirado, nem que seja só para constatação de que artistas de qualidade são esses transformistas!

Livres, felizes, comercializando o corpo, mas, acima de tudo, como que numa exposição de grande linha, são um espetáculo para quem sabe apreciar essas coisas deslumbrantes da vida!

Emocionante! Patético! Que importa que estejam se vendendo para homens inescrupulosos?! Ou, pelo menos, *elas* estavam vivendo, e eu, o homem programado pela sociedade, coitado de mim, a vida inteira dissimulando, pastando, comendo urtiga em vez do revigorante capim, furtando-me até de olhar mais fixamente para o loiro rapaz do clube, que me encarava também com indisfarçável medo!

***

Medo! Atávico medo! Como os cães que abaixam o rabo, atavismo herdado dos lobos que eram espancados, a pauladas, por caçadores que defendiam suas fazendas.

Como um cachorro, encolho meu verdadeiro eu, dobro-me dentro de mim, com medo, herdado de quem? Dos trogloditas, dos homens das cavernas? Será que eles comiam uns aos outros ou trocavam pauladas para não serem currados?

***

Abrir a janela do meu quarto e uivar para a lua, ou para as estrelas, onde via o brilho celestial dos tremeluzentes azuis dos olhos do menino, tornara-se a mania que espantava e assustava minha mulher, que me perguntava que doidice era aquela, se eu estava ficando louco, que ideia estapafúrdia a de bancar o lobisomem, abrir a janela e, feito um cachorro aflito, farejar no ar cadelas no cio e deixá-la com medo de mim, sem mim?!

Brincava com ela, tudo para não perder o bom humor! Sem consertar seus erros nas definições que suspeita, de cão que fareja cadelas no cio, eu lhe respondo, perguntando se nunca ouviu falar na terapia do grito. Pra aliviar o estresse, para justificar por que o dito-cujo não levanta quando deito em cima dela! E continuo uivando:

– Auuuuuuuuulllllll.

Retenho atrás da língua, que se enrosca, a primeira letra do nome dele, que fica raspando *erres* dentro de mim, onde me escondo!

***

Levei meu filho para almoçar comigo no clube. Ele me deixou com meus amigos e foi jogar tênis com os dele, como de costume.

Quando, na hora de irmos embora, o vi voltando, entendi por que, naquele dia todo, em lugar nenhum vira o moço pelo qual eu andava uivando: estava em companhia do meu filho!

Senti uma dor estranha no meu pênis!

***

O destino tece! Engendra!

A gente não escapa do que está escrito!

Passei a acreditar nisso! Antes de nascermos, a nossa história já está pronta. Um argumento completo, com princípio, meio e fim! Incluindo os *entretantos*, entreveros e todos os dramas, que são os fatos que vivemos!

Poderia imaginar tudo, menos que seria desse jeito. Senti-me acuado. Difícil imaginar que o meu próprio filho me aproximaria daquele rapaz!

***

Foi uma apresentação formal, mas, quando senti presa na minha a mão que ele me estendeu com gesto firme, senti que, antes de ser humano, eu serei sempre um instintivo, abjeto e irreprimível animal, que não controla a ejaculação só pela aproximação e a sensação do magnetismo de outro animal.

Tive de fingir que, de repente, passava mal! E derrubei, prudentemente, o copo de cerveja sobre o inconveniente, que me sujara o calção!

***

Às vésperas do seu aniversário, meu filho procurou-me para uma conversa em particular:

— Papai, estou completando 21 anos e tenho algo incorrigível para lhe contar, espero que o senhor entenda; se não entender, se não aceitar, vou me mudar, viver minha vida longe daqui, em qualquer lugar!

De tudo o que ele disse, só uma palavra ficou ecoando em meu cérebro, e perguntei, querendo interpretar corretamente:

— Incorrigível? O que quer dizer com isso?

— Algo que o senhor jamais poderia imaginar.

— Usa drogas? – perguntei, agoniado, antevendo como seria difícil recuperá-lo, visto que me procurara para falarmos em particular e já dissera tratar-se de algo incorrigível.

— Não! É algo mais sério e incurável. Por favor, por isso não me queira mal. Como vê e como sabe, meu comportamento diante da sociedade, meu tipo, tudo em mim é normal; nada tem a temer, jamais deixarei transparecer o que sou, mas quero viver isso! Até o fim dos meus dias!

— E o que é isso, meu filho?! O que é essa coisa tão sobrenatural? Você me assusta!

Jamais esperara ou poderia supor tal revelação:

— É isso aí, pai, sobrenatural é que eu sou homossexual!

***

Ele se assustou com a minha reação, por causa da pergunta rápida, que não definia o que me causara o que ele me contara assim, de modo tão direto, definitivo e decidido.

– E quem é o seu amante? O Raul?

– Não, pai! Raul é apenas mais um amigo, nem sei se ele topa essas coisas, sabe, entende? O senhor não vai me escorraçar? Dizer que sou a vergonha da família, não vai me expulsar de casa, fazer um escândalo, me humilhar? Não vai ter um derrame, um enfarto? Ah!, meu Deus! Que choque esse o que lhe dei?!

Não conseguia pensar. Minha cabeça girou no caos! Como e com que direito poderia julgá-lo? A dor que senti é inominável!

Sem dizer nada, sem nenhum comentário, aliviado e tranquilo, puxei-o para mim e chorei emocionado, prendendo-o fortemente entre meus braços protetores, compreensivo, mais amigo do que pai!

***

– Pai?

– Filho!...

– Não vai brigar? Não vai dizer nada?

O que dizer? Não conseguia coordenar meus pensamentos. Estava perplexo!

Ele ficou apreensivo. Eu o olhava feito um idiota.

Para disfarçar o que sentia, afastei-me, pensativo, fiquei de costas para ele alguns segundos e voltei-me, fingindo ser mais do que inteligente, culto, pra frente, bem-informado e, acima de tudo isso, ainda ser mais do que pai, um homem capaz de tudo pela felicidade do filho, ao qual ama acima de todas as coisas!

Num suspiro desalentado, promissor e de compreensão, respondi:

– Viva sua vida, filho, eu jamais desconfiaria, se não tivesse me contado. Guardarei seu segredo, fingirei que nada sei, do mesmo jeito que você finge ser o que não é, com tanta dignidade...

***

Andei ou rodopiei em círculos dentro de mim, como um peru bêbado. Que culpa teria eu? Espelhado no meu filho, ou meu filho espelhado em mim? Fenômenos da genética? Não nos considerava nenhum fenômeno! Que anomalia, essa? Anormal, não! Anormal a sociedade, que não entende nada de nada e se acha com o direito de classificar tudo!

Não aceito rótulos! Eu e meu filho somos apenas dois seres humanos.

***

Parei de abrir a janela, olhar pra lua, pras estrelas, e parei de uivar!

O *erre* escondido, preso no fundo do meu mais fundo, poderia revelar meu segredo, agora que conhecia melhor meu filho.

Tornara-me cúmplice do seu segredo; provavelmente estaria mais surpreso, perplexo, pensando que, por mais sábio que eu fosse, não dava mesmo pra entender como aceitara tão sem discussão, em drama, sua revelação.

Aceitar que era um anormal?! Meu próprio filho? Esquisito! Muito esquisito!

Mas, com o passar do tempo, ele entenderia que era puro amor! Que sou um pai capaz de tudo pela felicidade do filho!

Quanto ao que pensava a respeito? Que anormal coisa nenhuma! Nem eu, nem ele!

Talvez fosse antinatural, mais precisamente alguma coisa que nem mesmo poderia explicar ou definir com a denominação de homossexual!

***

No dia do aniversário do meu filho, abrimos o salão nobre da casa. Só abríamos para comemorações muito especiais.

Meu filho me olhava, indagador e cúmplice, lindo no seu traje a rigor. Um *gentleman,* um autêntico cavalheiro! Um homem na honradez da palavra, pela sua aparência, tipo e comportamento.

Nenhum sestro, nem ademanes, nenhum gesto, nenhuma gafe! Nenhuma suspeita ou dúvida no olhar das pessoas.

Rodeado de mulheres, ele dava conta do seu recado, na íntegra, para a sociedade.

Que postura! Quanto carinho e atenções desdobradas com a namorada!

Que lindo par faziam!

Tomei nota de tudo. Principalmente dos olhares dos convidados, e certifiquei-me, com grande alívio, de que ninguém desconfiava de nada. Os dois representavam tão bem que até duvidei do que meu filho revelara. Pareciam dois pombinhos, trocando beijinhos.

E o máximo da noite!

Noiva! Anunciou! Iam casar! Até duvidei que me fizera tão perturbadora confidência.

Sofri e me desesperei! Como poderia lhe aconselhar: "Não faça isso, meu filho! Não cometa o mesmo erro do seu pai, que, para enganar e não sofrer as humilhações da sociedade na qual vivemos, casou-se! E até se tornou um reles espião de bucetas!"

***

Na minha casa! Ele estava na minha casa!

Traje elegantíssimo! Todo de azul! Azul *ton sur ton,* camisa de seda, *smoking jacket,* de um corte e porte dos mais belos e chiques. Um verdadeiro traje de cerimônia. O modo como estava vestido combinava em extremos com o nome que eu lhe pusera: Angélico!

E que comportamento! O andar, os gestos, todo ele! As moças procuravam se aproximar dele, fascinadas, como eu, pela sua beleza física, pelo seu jeito sedutor.

Ninguém jamais poderia suspeitar, ou eu estaria enganado quanto ao que julgava dele?

E os flertes? Seriam flertes ou o jeito dele de olhar, fixo, não era convidativo nem insinuante, era vazio, inexpressivo? Era inexpressivo!

Fora eu quem inventara que havia alguma coisa comprometedora no modo de ele me encarar! Tão belo! Tão fresco! Tão jovem! Angélico! Um nome que lhe caía bem, muito bem mesmo!

Foi um impulso. Como um robô! Não sei como aconteceu! Quando desmoronei, já me aproximara dele e dissera:

– Você...

– Sim, senhor?

– Em vez de jogar tênis, devia estudar balé!

Não alterou a expressão. O que lhe disse não o atingiu, nem sequer se assustou, inexpressivo mesmo, com a sua prática de enfrentar a vida. Continuou olhando para mim com os seus olhos azuis arregalados. Bem arregalados! Ah!, eu o atingira, sim!

***

Madrugada, a festa no auge. Eu me enfiara no quarto e me desculpara com minha mulher: "Insuportável enxaqueca!" Não, não dava pra enfrentar, não dava pra disfarçar, continuar fingindo, fazendo coisas absurdas, fugindo, com aquele céu azul do olhar do menino por todo canto aonde eu ia, me seguindo...

***

Não fui mais ao clube. Andava ressabiado e com medo. Não sabia o que fazer. Não me sentia digno de dar conselhos, mas, de repente, tudo clareou com as palavras do meu filho, quando se explicou, não querendo que eu me torturasse pensando a respeito de como seria a vida dele. Julgou que o fato de eu estar tenso, ter ficado com enxaqueca durante sua festa de aniversário, fora pelo choque da sua confissão. Jurei que não. Que fora por negócios. Estava estressado! Muitas clientes! Precisava de férias!

– Vai dar tudo certo, pai, minha namorada é lésbica e eu sou amante do irmão dela. Eles morrem de medo que a família descubra. São cautelosos. Seriam deserdados, escorraçados de casa. Eles sabem viver sem se comprometerem. Quando eu me casar com ela, será com ele que estarei casando. Eles jamais poderão ser desmascarados, seria um horror, o senhor sabe, filhos de senador...

***

Segredos do meu filho, que se tornara meu mais especial amigo. Podia confiar, jamais sua mãe saberia. Coitada, tão frágil, tão religiosa, social, não aguentaria o choque! Tinha tanto orgulho dele, empreendedor, tão biblioteca! Era assim que ela o chamava, vendo-o sempre metido com livros, horas enfiado na poltrona da biblioteca, lendo, estudando. O que seria? Algum escritor? Um cientista? Pra que estudava tanto?

– Que pai! Maravilhoso! Se todos fossem iguais ao senhor, todos seríamos mais felizes e verdadeiros.

– Isso é música!

Foi tudo o que lhe respondi, sentindo-me muito macho por não lhe revelar que eu era igualzinho a ele, por isso entendia tão bem o seu problema.

***

Meu neto nasceu! Parecia *flashback* de quando nasci. Provavelmente! O mesmo quadro de quando Alceu nasceu! Todos os parentes e amigos em volta do berço. Quando lhe trocavam as fraldas, vendo *as coisas* do bebê no meio da merda mole, um mais afoito exclamou:

– Nossa! Que sacão! Que pintão! É roxo! Vai ser mesmo um machão! Eterna finalidade! Prognóstico repetitivo!

***

Minha mulher reclamou que, de uns tempos para cá, alguém telefona e, quando ela atende, não diz nada.

Sem que Elise soubesse, mandei instalar um identificador de chamada. Não deu outra. Liguei em seguida para o número registrado. Reconheci a voz. Era ele!

Desliguei. Não consegui dizer nada. Meu coração disparou. Em seguida, o telefone de novo tocou. Atendi.

Nem se identificou, foi logo perguntando. Sua voz segura, definida, não semitonou como um efeminado, ao contrário, timbre claro de um homem normal:

– Eu queria saber por que você disse que eu deveria estudar balé em vez de jogar tênis, ou será que pretendia dizer outra coisa, outra palavra, uma certa rima...

Fiquei assustado e desliguei sem responder. Arrependi-me. Liguei. Estava ocupado. Desliguei. Tocou. Atendi. Ele disse:

– Alô?...

Desliguei.

***

As peças que a vida nos prega!

Num *tête-à-tête* com meu filho, durante um churrasco, domingo à tarde, em casa, consegui, pela inflexão da voz, adverti-lo, sem querer espichar o assunto:

– Você não precisa casar...

– Precisamos, sim, pai, tanto eu quanto ela. Temos ideias e planos de seguir carreira.

– O que tudo isso tem a ver?

– É que pretendemos ser políticos. Vou começar como vereador, ela também, de partidos opostos, claro! Temos tudo planejado.

– Mas por quê? E o que tudo isso tem a ver com tudo?

– O irmão dela, meu namorado, é suplente de vereador. Vai me ajudar, dar todas as dicas e até bancar. Sendo de partidos contrários, um poderá defender o outro em sessão de votos, sabe como é, se houver alguma coisa periclitante no caso de... Ora, pai, não vai querer que eu explique essas trapaças, vai?

***

Continuo atônito! Falei, falei, discursei, tentei fazê-lo ver que não teria mais vantagens sendo corrupto do que um político honesto. Acho que mexi com seu caráter. Ficou pensativo e afastou-se, cabisbaixo.

***

— Não posso acreditar!

— Política, pai, é a única carreira que dá futuro e bons lucros para quem sabe se fazer nela e por ela. É preciso entrar nela bem-assessorado, tudo bem planejado, o time certinho agindo no campo, um de cá, outro de lá, manobrando as coisas e sempre a postos pra um salvar o outro, como os mosqueteiros, um por todos e todos por um, e não pode ser mesmo mais do que um time fechado de três mosqueteiros, isto é, sempre dependendo de um D'Artagnã por fora, como num jogo de cartas ter sempre os trunfos, os curingas, os testas-de-ferro, os laranjas, como em todas as jogadas!

Atônito, eu olhava para aquele jovem entusiasmado, cheio de ideias erradas na cabeça.

Meu filho! Meu varão! O Júnior! O que se diz substituto do pai. Que substituto! Que decepção!

Que aulas tinha! O que aprendia do que lia nos jornais, na televisão, com as notícias sujas sobre as máfias políticas! O que estava germinando em sua mente, que se poluía a cada falcatrua, a cada pretensa providência, tudo sempre acabando em pizza, como propagavam. Todos impunes, pagando com o dinheiro que roubaram para não serem presos, um elo, uma corrente sem fim!

Meu filho! Além de tudo, um candidato a corrupto! Não sei o que senti, mas previ, ou antevi, refleti, sei lá, hétero, bi ou homo, ele seria de todo modo sempre um grande puto!

***

Continuei não indo mais ao clube, e os telefonemas, só para ouvir a minha voz, prosseguiram; era isso, pois, toda vez que outras pessoas atendiam, desligavam. Ele, lógico! E que lógica poderia haver nesse fato? Porque eu sabia que era ele!

Eu não poderia jamais decepcionar meu filho, que via em mim um super-homem, capaz de aceitá-lo com a sua natureza e até com seus planos de futuro corrupto. Eu não admitia que pudesse ser caso de hereditariedade, cromossomos, genes, nada biológico, genético. Eu já estudara tudo a respeito da possível origem ou razão da homossexualidade.

Com certeza, pelos padrões morais que descobria no meu filho, não poderia ser, de jeito nenhum, defeito de fábrica. Tudo era próprio dele! Atirava-se a tudo! O meu oposto que renunciara à própria vida!

Quanto a Elise, minha linda e ingênua mulher, uma santa, enganada desde o primeiro olhar que trocamos, sem nunca perceber nada!

Senti remorsos, meu Deus. Deus sabe disso, mas, apesar de todas as tentativas, jamais consegui amar minha mulher; contudo, de certo modo consegui fazê-la acreditar que sim, e a fiz feliz, faço e farei sempre, realizando seus desejos.

Quanto a mim, apenas usei-a como uma jóia rara que se obtém ilicitamente e a exibimos como poderosos e orgulhosos proprietários! Não *Pour Elise,* mas *pouvre Elise*!

***

Apesar das reflexões corretas, eu me atormentava em dúvidas, com meus complexos de culpa, remorsos e temores.

Deveria haver alguma coisa errada em mim, sim, que influenciara a sexualidade do meu filho!

Mas, e a minha filha? Tão feminina, até me fizera avô!

Seguia-a com olhos de microscópio, e o que via aliviava-me. Não havia dúvida, uma hétero! Vi nos seus trejeitos, na sua leveza, sua fragilidade, tão suave, diáfana como uma sílfide, uma nereida que nadava com graça, em evoluções de balé aquático, com demonstrações e charme de linda sereia, com seus longos cabelos que boiavam como algas mágicas, refulgentes na superfície da água verde de cloro e químicas protetoras da pele, corpo bronzeado, protegido por óleos e filtro solar. Tão fêmea! Tão exuberante nas suas formas de mulher, nos quadris, nos seios, nos trajes, nas unhas, no batom! Indiscutivelmente apaixonada pelo marido, de quem tem muito ciúme. Por que tanto alívio? Saíra à mãe, perfeita! Por que perfeita? Eu estava discriminando a mim e ao meu filho! Quanta perturbação!

E?!... Não éramos, eu e meus filhos, Alceu e Tatiana, e minha linda esposa, Elise, todos fisicamente perfeitos nas devidas compleições e características concernentes ao sexo?

Ah!, que dúvidas! Quantos homossexuais eu teria no meu saco? Minha mulher andava me procurando muito para transarmos. Seria um bem ou um crime de honra fazer uma vasectomia?

***

Condicionado à vida que programara para mim, contava noites de insônia e os dias tornavam-se mais longos. A imagem angelical do loiro rapaz não saía da minha cabeça. Era preciso que eu o esquecesse! Não sabia mais o que fazer! Quanto mais tentava não pensar nele, mais me torturava. Então descobri o quanto sou forte! Determinado! Corajoso! Um verdadeiro herói! Um herói que pisa um covarde agachado dentro de mim! Será que é isso ter dupla personalidade? Não, não é porque sou apenas um, *uno* nas minhas ações, no modo como vivo e me comporto. Personalidade oculta! O eu escondido! Pela felicidade do meu filho, pela admiração que me dedica, mais do que nunca teria de continuar sendo um homem programado pelas finalidades que a vida dos pais de família, dos homens de bem, dos machões, impõe.

***

Dignidade! Bloqueios! Depressão!
Nunca mais fui à academia. Tranquei-me em casa. Saía somente para o consultório, e do consultório para casa. Rotina! Marcação de episódios repetidos, da vida que eu mesmo ia escrevendo, capítulo por capítulo, como seria e deveria ser. Tudo calculado, meus passos, meus papos, minhas atitudes com minha mulher, com meus filhos. Enfim, um homem correto e inserido nos costumes, hábitos e moral, em toda a definição da palavra, na sociedade, no lar, marido, pai, avô!

***

Coincidência é trama do destino?
Depois de comer e me fartar no restaurante japonês, nada como uma boa sessão da tarde do filme de maior bilheteria em cartaz...

No escuro, entrei, sentei numa poltrona da fileira preferida, num cinema do shopping. Estava muito tenso e precisava me distrair. Havia alguns segundos apenas, começara a projeção. Ainda passavam os créditos.

Senti a presença dele. Não sei como. Senti. Olhei de rabo de olho e era o rabo dele sentado na poltrona ao lado!

Não me seguira! Já estava ali. Como todas as outras pessoas.

Era mesmo trama do demônio, que me desafiava! Quem eu pensava que era para fugir do que o destino traçara? Que poderosa criatura me julgava ser para escrever e conduzir a minha própria vida, cena por cena, eliminando tudo o que me perturbasse?!

A prova de que eu não tinha esse poder estava sentada ao lado! O capeta ou apenas Angélico?

***

O que será que ele pensaria? Que eu o seguira? Que andava atrás dele? Não suporia que o acaso cria casos, situações embaraçosas e ardis perigosos?

Adiantaria falar-lhe da minha inocência, que jamais pensara encontrá-lo ali? Adiantaria argumentar sobre a coincidência desse encontro inesperado?

Como fazê-lo acreditar na trama do sei-lá-o-quê do imponderável, inexplicável, do invisível interagindo em nossa vida?

Não!

Melhor escapar, sair de fininho, acobertado pelo escuro do cinema, talvez ele nem tivesse me reconhecido. Talvez eu estivesse tendo uma alucinação, e não era ele, um loiro parecido, estava confundindo.

Mas eu não me enganara! Era ele, sim. Como sempre, até o perfume o identificava.

Fiz menção de levantar-me. Meu corpo pesava.

E pesou mais. Fiquei grudado na poltrona quando ele pôs a mão sobre a minha coxa, fazendo pressão. Disfarçadamente foi subindo, subindo, mexendo.

Não sei o que me deu!

Fiz o mesmo com ele!

***

Olhei para ele atônito.

Quando conseguiu o que quis, passou a mão, com o meu esperma, pelos seus cabelos loiros, que pareceram reluzir coloridos com a incidência da luz do filme.

Sorriu, meio-sorriso, só uma repuxadinha dos seus lábios róseos. Levantou-se, inclinou-se para mim e disse:

– Nunca ouviu dizer que do destino ninguém escapa?

E foi saindo por entre as poltronas, deixando-me sozinho, com a minha vergonha exposta, fora da calça.

Acompanhei-o com o meu olhar, ele nem olhou para trás pra ver se eu o estava seguindo.

Ele sabia! Fora o acaso!

E se sentia vitorioso por isso! Sentia-se dono do nosso destino.

Ah!, que coisa malsã!

Que desgraça! Que desespero!

Será que ele vai contar para o meu filho que eu gozei na mão dele?

***

Durante uma semana... Pensando bem, parece que as pessoas sempre determinam que devem se afastar por sete dias para criar suspense, um impasse, expectativa. O caso é que ele não telefonou durante esse tempo.

Cancelei todas as consultas, não por medo de que ele aparecesse no consultório, com o direito que poderia dar a si próprio, depois do que acontecera entre nós, de procurar-me onde e quando bem entendesse, mas porque achei que precisava me isolar.

Tranquei-me na biblioteca, fingindo consultar livros de estudo quando Elise me levava um lanche, um café, sempre tão atenciosa, enquanto eu, um disfarçado, escondendo-me como um real criminoso, para pensar ou para mergulhar no silêncio, em busca de força para tomar decisões certas, analisando como solucionaria meu sério e terrível problema.

Em verdade, o que aconteceu no cinema repetia-se em minha mente, incansavelmente, excitando-me. Fiquei mesmo apreensivo, lembrando o modo como sorrira, mas o que prevalecia era a sensação do indecente orgasmo que ele me proporcionara, mais do que um, foi uma corrente de orgasmos fortes, que ficaram latejando em mim, principalmente lembrando o gesto dele, de passar a mão úmida do meu esperma nos cabelos.

Seu sorriso não fora de sarcasmo, nem de desafio, só estava mostrando o quanto era libidinoso, fora embora para se fazer arisco, que não era presa fácil, para que eu não me sentisse dono da situação, que estava morrendo de amor por mim.

***

Angélico fizera seu jogo, bancando o fútil, indiferente, ocasional, que, do mesmo modo como fora a mim que ele masturbara no cinema, poderia ter sido outro, tudo por mero acaso.

Levou meu esperma, brilhando, em seus cabelos.

Ao pensar isso, sinto que se eriçam todos os meus pêlos!

***

Desejos insopitáveis percorriam meu corpo; contrariamente, meu emocional emborcava em medos toda a minha personalidade. Estava ocorrendo uma luta absurda entre a matéria e o espírito, a mente e o corpo, enquanto a carne latejava, clamando por aquela espécie de relação que eu próprio condenava, entre dois homens; meu espírito, minha alma, sei lá o quê, poderosamente agia na minha mente, rejeitando, fugindo, abatido de dor que me enfraquecia.

Angélico, diabolicamente, plantara-se em mim, com sua imagem de fauno, com seu olhar magnético, com sua beleza difusa, perturbadora.

Enclausurei-me na minha casa, amarrei-me nos braços da minha mulher, prendi-me no amor e pelo amor dos meus filhos. Mas não bastava para mudar o que eu era. Quanto mais amava minha família, mais desorientado ficava, estava ultrapassando os meus próprios limites.

A mente, liberta de todos os preconceitos, atraída pelo irresistível sentimento, voava ao encontro do anjo que me empurrava para o inferno!

***

Não é fácil manter-se num equilíbrio de pessoa sem problemas quando se tem o coração em tumulto, a mente perturbada, as ideias digladiando entre o que se sente e o que não devemos nem sequer pensar.

Eu nem pensava, eu vivia, eu sentia a presença dele em mim, em todas as minhas fugas, nas minhas tentativas de ser o homem que não era. Fantasias e lucubrações imaginárias esquentavam meu corpo, ereto, expressão forçada, riso colado na máscara amalgamada na cara, um artista, representando o tempo todo.

Estressado. Derrotado. Vencido. Eu insistia em ser o que não era. Seria possível, com tantas emoções guerreando dentro de mim, contrárias umas às outras, que eu não tivesse um enfarte, um derrame, que perdesse a noção de tudo e entregasse os pontos, revelando quem eu era na realidade?

Preferia ter o enfarte, ter o derrame. Preferia morrer; entregar-me, nunca.

Beijava meus filhos, nunca um avô foi tão carinhoso, tão presente, apertava meu neto contra o peito e rezava, abençoando-o, sangue do meu sangue, carne da minha carne, ossos dos meus ossos, que não o fosse! Sublimava em lágrimas de amor e medo!

O mundo é mau!

Capítulo 3

Meus amigos telefonavam, inventava acúmulo de trabalho, uma gripe, mil desculpas, não saía! Elise até que andava serena, nunca falávamos sobre a minha profissão, mas trocávamos comentários sobre notícias da televisão e dos jornais.

Alceu falara-lhe das suas intenções políticas, e o que ela deduziu foi que entendeu por que ele estudava tanto, trancado na biblioteca. Minhas coleções iam de A a Z nos gêneros de leitura. Enciclopédias. Ciências. Romances. Toda classe de literatura e de livros de estudo.

Na sala de jogos, um minicassino onde nem os mais comuns, tabuleiro de xadrez ou a mesa de sinuca, foram usados por mim ou qualquer membro da família sei lá por quanto tempo!

Tempo! Ia passando, lento, pela minha ansiedade!

***

Tentei dar umas encaçapadas. Quase furei o feltro da mesa, jogando sinuca. Minha mulher ganhou todas as partidas.

Não movi um peão, não conseguia me concentrar. Minha mulher sugeriu que assistíssemos a televisão. Comovido com a sua paciência e ignorância a meu respeito, beijei-a docemente nos lábios, afaguei-lhe os cabelos e disse-lhe, com todo o sentimento que o remorso pode provocar, toda a angustiante culpa e dor que não se explicam:

— Você é um anjo. O meu anjo. Você é divina. Não mereço você.
— Se não merecesse, Deus não deixaria que eu te amasse tanto.

Fiquei em silêncio e não pude evitar a lágrima que escapou dos meus olhos, escorrendo pelo meu rosto.

Elise me beijou com carinho, puxando-me para si num abraço de ternura, da mais pura ternura!

***

Se remorso era o que eu estava sentindo, arrependimento deveria ser seu sinônimo.

O jeito era esmerar-me em carinhos e atenções para minha doce esposa. Foi o que fiz, desdobrando-me. Ela não desconfiava nunca. Até brincou que eu estava tendo uma recaída de paixão, dos primeiros tempos, quando namorávamos.

***

Depois daquela tarde no cinema, foi assim. Um rebuliço na minha alma! Um cataclismo na minha carne, nos meus ossos, nos meus músculos, nos meus nervos tensos!

Transei com Elise, tentando aplacar o furor do meu corpo abrasado, incendiado de desejo.

Transei como um verdadeiro homem transa com uma mulher bonita, perfumada, macia, apaixonada, e, ao final de muitas entradas e saídas nela, abri a janela e uivei sem medo tudo o que tinha para gritar contra o mundo, contra o céu e o inferno, contra Deus e contra o diabo, porque não me livrava da agonia profana!

Uivei, subtraindo a letra que ficou arranhando dentro de mim.

Ajoelhada no meio da cama com o sua *lingerie* cor-de-rosa, pela sua ingenuidade luminosa, minha mulher parecia uma visão fantástica, achando engraçado o que eu estava fazendo, como expliquei, mentindo.

Era o urro da vitória por termos feito amor com tanto prazer, tão certinhos um para o outro!

Não, eu não estava ficando louco, eu estava comemorando meus *gols*, e continuei uivando com toda a potencialidade da minha voz:

– Auuuuuuuuuul...

***

Era ele! Eu sabia antes de atender e, antes que ele dissesse qualquer coisa, perguntei:

– Onde?

– Onde você quiser.

– Quando?

– Quando você quiser.

– Agora.

– Então venha.

Deu o endereço.

Fui buscá-lo.

Não trocamos sequer uma palavra. Ambos mudos. Sabíamos o que íamos fazer e aonde íamos! Não precisávamos falar. Quebraria o encanto. Explicações!? Pra quê? Calados e encaminhados!

Ninguém perceberia que era um homem ao meu lado, com os cabelos encobrindo o rosto, penteados a corte chanel, loiros, lisos, sedosos como nos anúncios de xampus, dos condicionadores e cremes à base de mel, "soltos, maciez, brilho e cor".

A aventura inesperada tinha de ser concretizada até seu último tesão! Seria tesão ou rasgos de loucura?

Que atrevimento o meu! Que despotismo e coragem. Guiado pelos meus desejos ou pelo fascínio dele? Seria ele apenas objeto oportuno das minhas fantasias, sufocadas a vida inteira? Corajosamente, dirigi meu carro para o caminho certo. Não dava mais para evitar. Estava acontecendo e ia realizar-se, o quê?

Ninguém viu mesmo que era um quase ainda adolescente no banco de passageiros, quando emboquei no motel!

***

Eu nunca transara com um homem, e com minha mulher sempre me mantinha de frente, num papai-mamãe respeitoso, um ato sexual segundo os critérios respeitáveis de um casal de estirpe, de boa índole, padronizado por uma sociedade dominante que nunca consegue se controlar quando as coisas são vistas pelo prisma "cada caso é um caso, o meu é correto, mas o seu é sujo!"

Assim penso, e nem pretendo deslindar mais claramente essa minha filosofia, pois a minha preocupação era que ela nunca duvidasse de mim, das minhas tendências reprimidas.

Cheguei ao máximo do desplante num dia em que ela estava numa daquelas fases de furor uterino, oferecendo-se de todas as maneiras, insinuando fazer coisas que deveria ter visto em alguma fita pornográfica que trouxera às escondidas da locadora.

Imagino isso por ela ter se posto de bruços e oferecido *novo caminho*; cheio de nojos, mais do que por recato, repudiei aquilo, falando como um menino assustado na sua primeira trepada:

– Aí, não! Aí tem cocô! Vai sujar meu pinto!

Não posso imaginar a cara dela. Estava de bruços e assim ficou enquanto eu beijava suas costas para agradá-la, para que não continuasse com vergonha de mim.

Fingi que brincara, até falara com voz de criança:

– Aí, não!

De costas, seus cabelos loiros, poderia fingir que era ele. A tentação aguçava meus sentidos. Fechei os olhos, acariciei-a.

Mas não fiz lá.

***

Sucção.

Penetração. Masturbação. Roçamos um no outro e locupletamo-nos em vários intervalos de orgasmos que se desprendiam todos dos dias, meses e longos anos em que haviam ficado retidos.

Era uma luta de iguais num tatame, disputando mais uma faixa. Nenhum de nós derrotava um ao outro. Não cansávamos e não parávamos.

Por nada no mundo terminaríamos a luta sem tréguas do corpo-a-corpo, massacrando-nos, bestiais, insanos! Entregues! Dominados! Pelo instinto!

***

Motéis, no carro, em qualquer lugar onde nos encontrávamos, fazíamos amor ou sexo?

Não sei. Era uma atração forte demais, animal, que dispensava sentimento, pois as sensações da atração que exercíamos um sobre o outro eram o que nos levava a agir inconsequentemente.

Ele não aceitava desculpas quando surgia algum impedimento impossível de transpor para encontrá-lo. Ficava irascível, exigente. Insaciável, procurava-me todos os dias.

Eu começava a viver sob o domínio e as condições dele. Não precisava dizer nada, mas havia muitas chantagens implícitas no seu modo de agir.

Nas primeiras exigências dele, eu até que fiquei envaidecido; senti-me não amado, nem necessário, mais pra envaidecido por me tornar uma obsessão na cabeça daquele moço que as mulheres de todas as idades, sem exceção, levariam pra cama, porque era lindo, apolíneo.

Um brasileiro metido a londrino, com suas roupas exóticas e charmosas, com seu perfume que, por onde passava, ficava, aparentemente tão másculo, na cama, comigo, um bailarino, com todas as técnicas de sedução e de fazer prazer nas suas exibições eróticas!

***

Minha mulher começou a me fazer perguntas embaraçosas. Alguma coisa estava acontecendo comigo.

A preocupação dela, por ser muito amorosa, mexia com meus sentimentos.

Como eu nunca havia passado por uma situação tão complicada, e nem imaginara um dia ceder a tais tentações, minhas desculpas eram sempre nervosas.

Pelo que ela sabia da minha vida, não estaria fugindo de nenhum cobrador, de agiotas, de problemas financeiros. O que poderia ser? Uma amante?

Da tragédia, eu repetia com ênfase a mesma estrofe:

– Claro que não!

Quem, então, fazia aqueles telefonemas tão comprometedores para que, assim, ao atender, sair correndo, sem dizer aonde ia e se voltaria para almoçar ou para jantar? Um *personal trainer*! Lógico!

***

Eu não queria que soubessem que estava me preparando, por fora, para o campeonato anual de judô da nossa faixa!

Elise sabia como eu era vaidoso, o quanto me dedicava aos esportes. Engoliu!

Antes, em casa, tudo transcorria rotineiramente, horários britânicos, tudo bem na hora!

Os deveres caseiros eram sempre prioritários!

Agora eu voava, como se fosse apagar um incêndio, o incêndio que em mim estava se propagando em labaredas tão altas, tão vivas, tão quentes que, possivelmente, se eu não apagasse logo a fogueira, acabaria acontecendo uma inevitável catástrofe!

***

Raul insistia! Queria porque queria! Imagine só, que despropósito, que atrevimento, que absurda ideia, não falava em outra coisa, insistia no assunto, queria que morássemos juntos!

Que eu largasse Elise, que esquecesse que era pai de um rapaz mais velho do que ele, que nem 20 anos tinha; com toda a sua aparência, mal completara 17!

Que trágica revelação, quando vi seus documentos e entendi sua intenção, quando vociferou, querendo que eu ficasse com ele, que não voltasse mais para a minha casa, poderíamos ir para Londres, lá tudo era mais admissível e, mesmo que não fosse, passaríamos por pai e filho!

E gritou, cinicamente, com sua ameaça oculta, mas, na expressão e na inflexão da voz, bem transparente:

– Eu sou menor! Dessa verdade não seja omisso!

Disso, de tudo de mal que poderia me acontecer, nada seria pior!

***

A minha situação estava ficando feia! Preta! Sentia-me encurralado! Cu ralado mesmo, com os *erres* raspando na garganta pela teimosia daquele rapaz que, por mais que lhe explicasse, suplicasse, tentasse fazer ver como seria ridículo e impossível o que pretendia, passou até a afinar a voz como um efeminado, a ter chiliques como uma criança mimada que esperneia e grita quando lhe dizem não.

Já não sabia mais o que fazer! Além do que, eu tinha uma disputa marcada! Não podia faltar mais ao clube e não atender aos chamados da comissão, da qual eu fazia parte, para julgar os novatos que iam receber a faixa no final do curso! Tinha de ir! Iria!

Estava me contorcendo em incríveis passos de jiu jitsu mental! Mas não sou homem de enfraquecer! Mentir pra um e pra outro para acabar com tormentos! Tinha de enfrentar. Fazer a coisa certinha e fingir, prometer que a qualquer hora a gente iria embora, assim eu ganharia tempo!

***

– Se não fizer o que eu quero, vou subir na mesa da comissão, lá na quadra, e contar pra todo o mundo que você me seduziu!

– Vai! Vão apedrejar você! Todos vão dizer que você é uma bicha louca e que eu sou um homem de bem! Esses escândalos não têm mais resultado aqui, e eu posso mais do que você, pelo que sempre representei na sociedade!

– Você pensa que me engana com suas mentiras, que é pra dar um tempo, que vai embora comigo pra Inglaterra? Não engana, não! Vou contar pra sua mulher! Ela vai acreditar em mim, você não me contou, todo apaixonado, que uivava meu nome na janela... sem o *erre*? Pois eu vou pôr todos os *erres* na orelha dela!

– Minha mulher é uma santa! Não vai dar crédito pra você, e depois ela me ama, e mulher, quando ama, está mais a fim de acreditar na palavra do seu homem.

– Vou contar pro seu filho...

Meu filho?! Meu filho, não! Não e não! Nunca! Que sangue era aquele que fervia, borbulhava em minhas veias? Que força descomunal me paralisava numa ação de pressão, irreversível?!

***

Eu! Que Eu?!

Eu nem sabia o que estava apertando, apertando, com tamanha pressão, enfurecido, fixado na ação irreversível de não deixar sujar a minha honra com meu filho!

Pressionava enraivecido, com trêmulas mãos fortes de punhos pugilísticos, dedos de ginecologista, braços de *boxeur*, campeão acadêmico, com músculos saltando, firmes, como se transformados numa britadeira, tanto estrebuchava o corpo que perdia forças, agarrado pela garganta.

Minhas mãos pareciam algemas em torno do pescoço! Parou de tremer! Não fiquei fungando como os artistas de televisão, que parecem todos sofrer de asma quando representam uma cena emocionante! Pra tudo fungam! Eu não!

Olhei o corpo caído. Tão frágil, morto, tão leve, espichado como uma lebre abatida! Coitado, não sabia que com a honra de um homem não se brinca! Era o fim do último ato, o último episódio, ou o primeiro? Não podia saber, a vida não é da gente, nem mesmo a gente a escreve!

Apaguei cenas. Do tempo que me relacionei com ele, não ficou nada! Escuridão na minha mente! Então, entrei em desespero! Alguém entrou e gritou. Estávamos no banheiro da academia!

***

Assumi o crime.

Foi um choque o que provocou tal impulso!

Eu não sabia o que fazia!

Culpei o jovem, que me abordara, seguindo-me ao banheiro, com intenções indecentes!

Um viado! Sem escrúpulos!

Supus que talvez até estivesse drogado! Apenas me defendi. Perdi a noção do que fazia, por causa do que ele fez! Só poderia estar mesmo drogado!

Sorte bendita, a minha, logo constataram que estava! Assustei, na verdade eu não pensara isso, falara só pra dar clima de violência dele para comigo, mas disfarcei. Como poderia aceitar aquilo?! Foi um horror! Eu?! Amante da minha esposa, pai dedicado e exemplar, avô! Abordado por um moleque? Um moleque safado!

E chorei! Como os homens também choram, tentando me conter! Chorei por me sentir humilhado, envergonhado, desgraçado, chorei mais e muito mais pensando em quanto era imenso, enorme, grande, imperdoável o meu pecado!

∗∗∗

– Você não vai ficar detido nenhum dia! Seu advogado está chegando, vai livrar você dessa!

Minha mulher, otimista, confortou-me. Meus amigos estavam todos comigo, diziam que teriam feito o mesmo. Disseram que a viúva estava gastando uma fortuna pra evitar manchetes, queria abafar o caso. Evelyn era uma mulher prática, assessorada por grandes advogados.

Fiquei comovido com a fidelidade da minha mulher, que nem por um segundo duvidou de mim.

– Tudo isso vai passar. Imediatamente após você sair daqui, vamos viajar para a Rússia. Você gostou tanto de lá.

– Para a Rússia, não! – (Lembrei-me do bailarino; haveria outros, com certeza iríamos a um teatro!)

– Pra onde você quiser! Vamos dar um tempo em nossa vida.

Pensei em meu filho, nas suas ideias, candidato a candidato, programando-se para ser corrupto. A pergunta da minha mulher – se queria que me trouxesse alguma coisa de casa – me deixou tenso, mas precisava arriscar e confiar nela.

Falei da sacola guardada em meu armário no vestiário do clube. Poderia ir buscar a agenda que estava dentro dela? Seria estranho se pedisse a sacola onde guardava trajes de ginástica, natação e tênis; pedir a agenda era natural, nada suspeito, pensei.

***

Queria telefonar para uns amigos, expliquei. Com certeza, o delegado não se importaria. Meu celular estava sem bateria. Elise deu-me o dela.

Quanto à agenda, talvez ela não tivesse ideia de ler o que eu escrevera em páginas dispersas, fora de numeração e sequência.

Claro que ela agiu direitinho, tal como a conhecia: sem perguntas, foi buscar minha encomenda. Também, numa situação tão deprimente, não lhe ocorreria vasculhar minha agenda, que ela suporia ser a mesma que, em casa, ficava à vontade, sobre a escrivaninha do meu escritório.

Tinha de correr esse risco; de qualquer forma, era a única maneira de evitar que algum abelhudo fuçasse na minha sacola e lesse meu diário, que era prova mais que suficiente para me condenar pelo resto da vida!

***

Responder em liberdade. Isso seria o máximo que poderia me acontecer. A demora do advogado a chegar era compreensível, fora procurado em meio a uma audiência, mas iria direto para a delegacia onde eu, confortavelmente, aguardava a sua chegada, numa sala ao lado da sala do delegado.

Minha mulher logo chegou com a agenda, café e os pãezinhos que mais gosto. Não sei por que, quando fico nervoso sinto muita fome, tomo muito café.

Nem precisei duvidar. Logo que chegou, sorrindo e confiante, entregando-me a agenda, vi que não a abrira. Fingi procurar um número e o passei, para que ela ligasse.

Elise olhou-me intrigada – eu nunca ligara para o padre amigo da minha família, que aparecia sempre, sem precisar ser convidado, para, continuando um costume dos meus pais, passar as festas de fim de ano conosco.

— Tem algo pra confessar?

— Não, querida. Padre Augusto é a pessoa mais próxima em quem posso confiar para estar sempre com vocês, caso me aconteça alguma coisa...

***

— Meu Deus, meu querido! Nada poderá lhe acontecer! Com certeza! Você foi vítima de assédio sexual por um desmiolado, drogado, *gay*, e não tem crime nenhum para pagar por algo que fez por sua honra, por ser um homem de reputação ilibada!

— Sei, querida, mas é sempre bom a gente ter um por cento de prevenção. As pessoas são muito más, você sabe... A inveja, o sensacionalismo do escândalo, o nome de um ginecologista, filho de um empresário milionário que vive na Irlanda, de família tradicional, dá manchetes, aguça os famintos que querem tirar vantagens de um caso tão escabroso, e a viúva... deve querer se vingar...

— Não, ela quer pôr fim nisso tudo. Nada vai acontecer.

— Em todo o caso, peça ao padre Augusto para vir me ver.

— Ele vai lá em casa! Você vai pra casa ainda hoje. É só o tempo do Rodrigo chegar e entrar com o *habeas corpus*.

— Você não entende nada, minha doce Elise, foi prisão flagrante, confessei o crime, os trâmites são diferentes.

— Você vai ver, logo mais, à noite, estaremos em casa, longe deste terror!

Ouvi vozerio, confusão, um *zum-zum*! Elise me contou. A viúva estava internada numa clínica, em estado de choque, sedada, incomunicável, negara-se a dar entrevistas. Ninguém conseguia falar com ela. Onde eu estava, repórteres, jornalistas, televisão aglomeravam-se no corredor, esperando...

***

Do jeito que temi, aconteceu. Vim parar aqui, nesta cela. Sei que há conchavo do meu melhor amigo, do melhor advogado da cidade, senão do país, com a imprensa, com os delegados, enfim, com todos os que querem esgotar tudo o que possam vender e ganhar com a minha história.

As manchetes gritam explicações que não passam de deslavadas desculpas, usando-me como bode expiatório das classes dominantes: não seria pelo fato de ser um homem muito rico que teria um tratamento diferenciado, embora acomodado numa cela confortável, com tudo o que preciso para passar algumas horas sem tédio.

E um entra e sai que quase não me dá tempo nem de pensar, amigos que vêm me visitar e apertar a minha mão, contra os homossexuais, que são aqueles mesmos com quem passei pelas ruas onde travestis fazem ponto. Nenhum deles tocou no assunto, estavam ali, diante de mim, para serem testemunhas do meu caráter, da minha idoneidade moral! Por amizade! Ou por medo de se verem envolvidos em alguma conversinha sobre o que faziam?! Acreditei mais na solidariedade deles. Eu tinha de acreditar!

***

Os dias passam. Minha mulher vem sempre e passa a tarde comigo, meus filhos me defendem. Nada me é negado.

Meu advogado, a cada pergunta que faço, responde que preciso ter paciência, que foi prisão flagrante. Que alguém buzinou pra alguém que me viu com o Raul. Não quis dizer onde eu tinha sido visto com ele. Alguém queria me ferrar, "sempre aparece um sujeitinho pra fazer falso testemunho e sujar nossa moral", foi o que disse, mas não revelou quem lhe passara tal informação.

Claro que ele nem ninguém acreditava numa coisa dessas. Eu não precisava ficar tão revoltado, ferido na minha definida e comprovada masculinidade.

Ficara também comprovado o assédio sexual do *gay*.

Minha reação fora correta, embora a violência, a fatalidade da minha atitude, acionada pelo desacato, sim, desacato, era um terrível desacato à minha moral!

Não se deve duvidar da moral de um homem bem-casado como eu, pai de dois maravilhosos e exemplares filhos!

Avô, além do mais; absurda a pretensão do *gay,* que, aliás, estava drogado; eu apenas me defendera e blablablá dos parágrafos, emendas, acórdãos e citações dos artigos do código penal que se jactou saber de cor, além do que ninguém o vencia nas suas explanações e discursos de defesa; qualquer júri, até mesmo estando entre eles um homossexual, votaria pela minha inocência, tinha certeza disso!

***

Talvez estivesse mentindo, fazendo suspense para valorizar mais seu nome, apresentando certas suspeitas sobre meu caso.

Tudo o que ele me dizia soava falso, cheio de truques; a única coisa que garantia era que eu seria posto em liberdade, ou ele rasgaria o diploma e abandonaria a carreira, jamais voltaria a advogar!

Quanto à fiança para eu sair de lá, o juiz dissera que se tratava, por vários itens e fatos não muito bem esclarecidos, de uma dessas causas inafiançáveis!

Isso, embora me confortasse, também me punha em choque comigo mesmo.

O caso é que eu estava me sentindo protegido, seguro, ali, enquanto discutiam minha vida; em verdade, até sentia um certo medo de ser posto em liberdade, de voltar para casa, voltar a frequentar o clube ou passar o resto da vida viajando, fugindo dos olhares das pessoas e dos comentários desagradáveis.

Fácil a gente se esconder dos outros, ir para outro país, refugiar-se, evitar olhares maliciosos e comentários jocosos, fugir de todo o mundo. Mas como fugir da gente mesmo?

Para onde quer que eu fosse, levaria na alma, no corpo, no pensamento a tristeza inevitável e ácida por ter descoberto que minha personalidade era das mais fracas, susceptível a tudo, capaz do que eu nunca imaginara ser, pela minha vulnerabilidade de sentimentos.

***

Padre Augusto acabou de sair.

Veio me cumprimentar por ter voltado para casa. Responderia em liberdade! Pediu-me para confessar-me!

Meu crime! Falar sobre o que fiz? Não teria voz. Não poderia me confessar, pois ele perceberia que eu estava omitindo a verdade.

Consegui enrolá-lo, falando-lhe sobre minha preocupação com meu filho.

Sinto-me um assassino de luto!

Não consigo aceitar o silêncio de Evelyn a respeito do assassinato do seu filho. Meu advogado disse-me que ela saiu da clínica, mas que continua irredutível, e que ninguém consegue quebrar o cerco para se aproximar dela. Os advogados dela também se negam a pronunciar qualquer palavra sobre o caso. Repetem sempre a mesma coisa:

– Não temos informações a dar.

Dizem, também, que ela saiu do país no seu jatinho, que o abalo que sofreu mexeu com a sua saúde e que foi para outra clínica, na Califórnia, provavelmente.

Apenas hipóteses, nenhum sinal dela! Os jornais fervem com as manchetes do escândalo do "Machão que matou o *gay*". Exageram em mistérios que envolvem o caso, como o silêncio da milionária, que nem no enterro do filho apareceu.

Coisas hediondas! Sensacionalismos dos mais cruéis! Amassei os jornais.

Minha mulher me serve chá de camomila, quer que eu tome um sedativo. Estou tenso demais!

***

Para alguns, a defesa da minha honra, de homem macho, tem sido glorificada como uma atitude que todo homem que se preze, na minha situação, deve ter!

Para outros, revolta e falta de compreensão, falta de autocontrole, uma atitude de animal feroz, de ignorante! Um retrógrado!

Ninguém, em verdade, acredita que eu não tivesse como contornar a situação com o jovem, alguma coisa estava errada, e tentavam chegar a uma melhor hipótese do que acontecera entre nós, no banheiro da academia.

Não dava pra ficar assim!

Tanta violência por um assédio sexual?

Assédio de um menino a um homem de terceira idade?! Um homem culto, doutor! Tão sem freios? Numa época em que aumenta o número de simpatizantes, em que se combate o preconceito contra homossexuais e tantas leis entram em vigor?!

Há muito para se pensar a respeito!

O caso é que a figura de Raul, de Angélico, reclamando por meu amor, me chantageando, não me deixa em paz!

***

Minha mulher entendeu, como sempre muito compreensiva, por que lhe pedi que me deixasse, por uns dias, dormir num quarto de hóspedes. Eu queria ficar só, precisava, oramos juntos, ajoelhados, ao pé da cama, e eu chorei, desbragadamente, pedindo perdão a Deus.

Elise confortou-me, padre Augusto não havia me abençoado? Até comungara!

A hóstia na minha língua parecera um sonrisal, efervescendo, falei para ela, preocupado com a sensação que tive.

– Autossugestão, querido – ponderou Elise.

– Imaginação pelo sentimento de culpa, meu filho – tentara me acalmar o padre.

– Como?! Como poderei viver com isso na cabeça? Eu vou enlouquecer!

Elise chorou comigo, abraçou-me forte.

– Eu juro, Elise, eu juro que foi por defesa da nossa honra, porque pensei em meu filho, no nosso filho.

– Eu sei, querido.

– Alceu pretende seguir carreira política, tem planos sujos a respeito, ele me contou, faça-o jurar que será honrado, que será um homem de bem, que seguirá uma carreira limpa! Jura, Elise, jura?

Ela jurou e perguntou:

– Por que você pede que eu lhe peça que jure? Por que não lhe fala você?

— Já falei. Pedi-lhe que nunca desonre nosso nome. Que não deixe que associem golpes de político corrupto ao meu crime, que seja íntegro!

— Nosso filho nunca será um político corrupto!

***

Falara-lhe, naquela manhã, com todas as palavras, que, se o que era por natureza errado, incorrigível, não podia mudar, que, por caráter e moral, mudasse suas intenções de usufruir vantagens na política por projetos de fazer o melhor e mais decente por aqueles que votassem nele! Que ele fosse, disfarçado, um homossexual, sim, mas um político corrupto, nunca!

Fiz com que jurasse e ele jurou, medindo melhores vantagens, vendo-se como um homem de bem, querido e reeleito sempre, pelo que o alertei e aconselhei, destacando-se por caráter decente, por dignidade, íntegro, sem se misturar a tantos salafrários.

Sozinho, no meu quarto, fiz minhas orações, sem conseguir por um segundo me livrar da imagem de Raul, de Angélico. Peço perdão. Vou deitar na minha cama. Suicidar-me. O cano do revólver metido na boca. Esse método nunca falha. Morre-se mesmo! Antes, vou dar um último grito, um uivo que percorrerá toda a casa, todos os jardins, com o *erre* tremendo e gemendo entre meus dentes, o nome todo me arranhando inteiro! Sem mais nenhum medo, sem nada esconder, como querendo gritar ao mundo como é horrível e ao que se chega sendo um homem programado por finalidades! Até a matar e até a morrer! Mas não gritarei Raul! Gritarei:

— Angélicoooooooooooo.

***

Impossível carregar tanto peso na alma, nem vivo nem morto. Como continuar vivo com tantos medos, como partir com tantos segredos?

Por isso chamei o senhor, padre Augusto, antes de ficar a sós no meu quarto e soltar, com todas as forças dos meus pulmões, o meu último uivo.

Quando o senhor ler esta última página, já terei praticado mais um crime de honra, o suicídio.

Pour Elise! Pouvre Elise!

Escrevo isto enquanto o senhor toma café, na sala de visitas, com minha mulher; inventei motivo para vir até meu quarto depois de termos rezado o terço e, como se me exorcizasse, de o senhor ter espargido água-benta sobre mim. Prometi ir à sua igreja, confessar-me, mas aqui está toda a minha confissão, toda a verdade, nestas folhas esparsas.

Padre Augusto, o senhor levará minha agenda. Só no senhor confio. Quero que a leia para rezar por mim, para que consiga benevolência junto a Deus. O senhor prometeu ler somente depois de rezar sua primeira missa da manhã de domingo, daqui a dois dias, e queimará esta agenda em seguida.

Anexei uma carta para o senhor, para que me entenda e me perdoe, porque não lhe confessei a verdade, que deverá continuar sem que ninguém saiba.

***

Padre Augusto:
Entreguei-lhe esta agenda para não carregar comigo pecados que me induziram a essas atitudes desesperadas. Como poderia viver sem me arriscar a magoar as pessoas que amo? Adoro minha família. Não os abandone. Aconselhe meu filho, ajude-o sempre para que não se torne mais um corrupto explorador do povo. Abençoe meu neto, minha filha, meu genro.

Nunca abandone Elise, minha mulher, nunca lhes revele a minha verdade, que está inteira aqui, nesta agenda, com toda a minha confissão. Este é o meu último crime de honra! Absolva-me, se puder. Encomende minha alma a Deus, e a de Raul também.

Reze, todo mês, missas para nossas almas. Confio no homem amigo, no padre e seu sacerdócio. Confio na sua palavra de guardar segredo e não revelar a ninguém os pecados que seus fiéis lhe confessam. Sua bênção, querido padre Augusto, e adeus.

Victor

Sobre o organizador

Rick J. Santos é doutor em literatura comparada pela State University of New York-Binghamton, onde se especializou em teorias feministas e defendeu a tese "A different woman: identity, class & sexuality in Cassandra Rios's work", sobre a obra da autora e a sua contribuição para a formação da literatura *gay* e lésbica no Brasil. Atualmente, é professor nos departamentos de Língua Inglesa e Estudos da Mulher na Nassau College-State University of New York. É autor de vários ensaios, poemas e traduções publicados nos EUA e no Brasil. Organizou, com Wilton Garcia, o livro A *escrita de adé – perspectivas teóricas dos estudos gays e lésbic@s no Brasil* (Xamã – Nassau C. College NCC/SUNY, 2002); e, com Bernice Kliman, *Latin american Shakespeares* (Fairleigh Dickinson University Press, 2004, no prelo).

Sobre a autora

Cassandra Rios nasceu em São Paulo, em 1932. Estreou aos 16 anos com o romance *A volúpia do pecado* (1948). Publicou mais de quarenta obras e foi uma das autoras brasileiras mais populares de todos os tempos – chegou a vender, por ano, quase 300 mil exemplares de seus livros. Em sua obra, Rios abordava questões de sexualidade, gênero, classe social e religião, em relação ao processo de formação de identidades. Foi severamente perseguida pela censura da ditadura militar, por "atentar contra a moral e os bons costumes". Com a abertura, teve parte de sua obra adaptada para o cinema. Entre seus títulos mais conhecidos, estão: *Eu sou uma lésbica*; *Copacabana posto 6*; *Muros altos*; *O bruxo espanhol*; *Tessa, a gata*; *Uma mulher diferente*; *A paranóica*; *As traças*; *A borboleta BRANC*; e *Macária*. Morreu no dia 8 de março de 2002, no Hospital Santa Helena, em São Paulo.